天津博物馆文物展览系列图集

编委会主任：　陈　卓　白文源

编　　委　　（以姓氏笔画为序）：

于　英　于　悦　白文源

刘　渤　李　凯　陈　卓

岳　宏　姚　旸　钱　玲

徐春苓　黄克力

安和常乐——吉祥文物陈列

主　　编：　白黎璠

摄　　影：　刘士刚

天津博物馆文物展览系列图集

安和常乐

◎ 吉祥文物陈列

天津博物馆 编

文物出版社

总序

总序 陈卓

　　天津，中国的历史文化名城，地处九河下梢，位当京畿通衢，自古以来便是舟车汇聚之地、人文荟萃之所。明清以降，城市经济的发展带来了文化的勃兴，津沽之地渐成典章集聚、文物汇藏的名区。近代开埠后，天津更一跃成为中国北方的经济中心与文化重镇。特殊的地理位置与城市地位为天津文物文化事业发展奠定了雄厚基础。众多卓有建树的文物鉴藏家临于斯土，八方风物、历代珍品亦有缘归于津门。在天津这片沃土上，文物收藏逐渐形成传承有绪、品类齐全的良好局面，这不仅构筑起天津收藏的整体规模，更对后世影响颇巨，遗泽深远。

　　作为近代文明的发展标志，博物馆进入中国时间较晚，最先出现于一些"得风气之先"的口岸城市。在天津，博物馆已走过了近百年的发展历程。新中国成立后，尤其是经过改革开放后的快速发展，天津的文物博物馆事业真正进入了"大有为"的时期。时至今日，城市博物馆群体已颇具规模。其中，天津博物馆以其丰富的藏品、广泛的影响在国内外业界享有崇高声誉，并成为绍绪天津收藏传统，开拓文化公益事业的典型。作为一座大型历史艺术类综合性博物馆，天津博物馆拥有涉及历史文献、书法绘画、陶瓷器、玉器、青铜器、金银器、甲骨、砚台、玺印、钱币、邮票以及民间艺术等多门类20余万件藏品。如何将众多的文化精品惠及更广泛的民众，

这始终是天津博物馆致力于探寻的问题。对于现代博物馆而言，举办高水平展览无疑是实现这一目标的主要方式。

　　2009年，天津博物馆新馆项目立项。天博人决心利用此次良机，对原有各类型展览进行大规模充实、创新。筹展工作开始后，天津博物馆先后多次邀请国内众多知名专家、同行会商策展大计，并组织本馆专业人员对原有展览进行全面评估，深入挖掘馆藏文物的特点及内涵，由此确定下新馆展览的设计方向。

　　与原有展览不同，新馆展览在内容设计与展示手段方面皆有较大程度的改进创新。一方面，新展览加大了馆藏优势的体现力度，通过"耀世奇珍——馆藏文物精品陈列"、"聚赏珍玉——馆藏中国古代玉器陈列"、"线走风姿——馆藏明清书法陈列"、"寄情画境——馆藏明清绘画陈列"以及"雅静青蓝——馆藏明清青花瓷陈列"等文物精品、专题陈列，集中向观众展示了天津博物馆在多个文物类别领域的收藏"深度"与"精度"。在这些展览中，许多珍贵文物都是首次与民众见面。人们将有机会尽可能多地欣赏、了解这些古代文化遗珍；另一方面，在选取"好题"、"好物"的基础上，新馆还推出多个新颖的文物主题展览。其中，"器蕴才华——文房清供陈列"、"安和常乐——吉祥文物陈列"、"沽上风物——天津民间工艺陈列"和"志丹奉宝——天津收

藏家捐献文物展"等均在突出主题的同时，打破了以往堆砌文物的展览模式，在创意与馆藏文物间找到最佳的契合点，力求在推出精品的同时，向观众奉献格调高雅、内涵丰富的高水平展览。这些展览不囿于传统陈设理念，而是解放思想、大胆创新，强调观众的互动参与，通过对馆藏文物的鉴选整合，探索出别开生面的展览新模式，创造出迥别于以往的展示意境。

无论文物主题展抑或专题展，它们皆力求打破以往以物论物的界限，利用一些为民众所熟悉的传统文化主题组织瓷、玉、书画等丰富文物展品，从而使各类器物在新的主题下获得了崭新的解读视角。展览也因此在更加贴近中国传统文化的同时，符合了民众的心理需求，使观众在"贴近"艺术珍品的同时对传统文化增进了解，有所记忆。

众所周知，博物馆在进入中国那一刻起，便担负起整理故物与开启民智的职责和使命。在现代城市博物馆中，人们不仅需要掌握传统文化的精髓，还须借由展览熟悉城市历史的发展过程，熟悉特有的地域文化，进而从中有所启迪，有所领悟。有鉴于此，天津博物馆重新"包装"推出了"天津人文的由来"、"中华百年看天津"等历史文化主题展。这部分展览集中展示了天津城市的发展历程、历史人文的发展脉络，努力使观众通过观展明晓天津历史文化渊源，在观史的同时解读身边的城市。

其中，"中华百年看天津"一直是天津博物馆致力推出的"拳头产品"，此次借由新馆创立之机，策展人员重新对其进行了加工完善，借助文物、文献、史料、照片等2100余件展品，极大扩充丰富了展览内容，使天津近代发展面貌得到全景式展现，从而在做足天津本土文化主题的同时，达到引领观众了解中华民族伟大复兴历程的目的。

2012年5月，天津博物馆新馆正式对外开放，新设11项基本陈列亦相继与观众见面。它们在带给观众赏悦感受的同时，也无疑将为他们打开一扇文物典藏与文化传播的大门。为扩大展览的影响，使喜欢这些展览的广大观众朋友们更方便地鉴赏、认识这些珍贵的艺术精品和历史文物，深度了解展览的旨意，同时也为鉴证、保留这次策展的丰富经验与丰硕成果，天津博物馆特组织策展人员精心遴选展览中的文物，力图用通俗易懂的语言编写本套图录，将那些绚烂的艺术品、历史的见证物与凝聚众多天博人心血的展览设计变为文字、图片汇入册页，以志纪念，并请指正！

目 录

概述 白黎璠

一、陈列的缘起

祈福禳灾、趋吉避祸，是人类社会特定历史阶段的精神需求。在社会生产力尚欠发达的历史时期，人们缺乏足够的能力对某些现象、联系获得科学的认知，也无力抵抗不期而至的天灾人祸，但是对生存和获得美好生活却有强烈的渴求，他们用各种方式表达这种渴求，并期望以此获得愿望的实现。在长期的社会生产生活实践中，人们积累了对自然事物属性的认识和理解，并信奉"吉事有祥，象事知器"的观念，将他们认为吉利祥瑞的事物，以各种生动的形式表现在生活用器和装饰品上，使之成为幸运之事的预兆，帮助他们驱除那些无力抵抗的灾祸，最终实现愿望，得到吉祥。这种社会思想意识，鼓励人们积极面对人生，追寻幸福生活，表现了我们的先民对生活的热爱以及对生命的颂扬，成为慰藉精神、改善命运、向往美好的重要途径。中国古代吉祥文化的广泛流行与合理应用，是中国人对天人关系认识的一种体现，往往与促进人性的良知、保护生存环境、祈求人生美好等生活目的相联系，包含着许多有利于民众生活和社会公共秩序和谐发展的积极因素，在维系传统社会规范，促进社会稳定，凝聚国民性等方面，发挥着文化意识特有的影响和作用。

于是，我们想要策划一个以吉祥文物为主题的陈列。通过这个陈列，可以充分了解到中国古代社会思想意识的一个重要方面，从一个特别的视角观阅到一帧帧中国古代社会生活的画面。我们也相信，虽然时空变换，今天的社会生产力水平之发展，已经使我们具备了空前强大的改造世界的能力，但人们对生存、生活的自然要求仍在，文化的传统也还影响着我们，国泰民安、风调雨顺、福寿绵长、家庭和美仍旧是每一个普通人最真切的期盼。当我们一起解读这些既遥远又熟悉的吉祥文物时，它们精美多样的艺术形式，鲜活扑面的生活气息，必定能引起心灵的共鸣，唤起我们对所有美好事物的向往，并为之不懈努力地去追求。

天津博物馆的馆藏特色以明清传世文物为大宗，陶瓷、铜器、玉器、书画、砚墨、砖瓦石刻、竹木牙角雕、漆器、丝织品、年画等文物品类齐全，精品甚多。这与吉祥文物的两个特点恰好契合——吉祥文物最盛行的年代在明清；吉祥文化渗透于社会生活的方方面面，在不同材质、不同用途的物质载体上都留下了印记。有了馆藏的支撑，陈列的意图便可以成为现实。我们从上述各类馆藏文物中，精选出近三百件展品（其中为数不少的文物是首次展出），打破以往文物单一类别单一陈列的模式，以"吉祥"为主题，将各品类文物重新组合，力图营造一种新的语境，使参观者在其中，以全新的视角来了解、探析中国古代的社会生活和思想意识，欣赏、感悟中国人关于"吉祥"既艺术又生活化的种种表达。

二、陈列的构成

（一）内容设计

内容设计方面，将人们关于"吉祥"的诉求提炼、概括为福、禄、寿、喜、财五个方面，即为构成陈列的五个部分；每部分再由若干主题组团构成，共同完成对所属部分主题的诠释；每个主题组团又包含若干文物，它们以同主题而非同时代或同材质的关系组合在一起，展示出每个组团的内涵。整个陈列内容设计的结构充分体现出陈列的主题性。在本书展品精选图录部分，我们将按照陈列中五个部分的顺序，于逐个主题组团中挑选出有代表性的展品，加以介绍、赏析，以飨读者。

中国古代吉祥文物的艺术创作和表现方法是我们在陈列中希望展示给参观者的，它主要包括象征寓意、谐音、宗教及传说、字符等。这些方法或单独或组合出现在陈列各个部分、各个组团的不同文物上。

象征寓意是中华民族吉祥文化表达中运用最早的思维和艺术构成方式。人们在长期的生产生活过程中，通过对自然界万事万物的观察、理解，掌握了它们的形态特征、生理特性，便借物喻志，托以吉祥意义。它生动体现了对天人关系的感性直观体会，以及中国传统思维模式之重直觉体悟，并透过语言寻找其背后意蕴的特点。例如，人们认识到石榴是多子之物，"千房同膜，千子如一"，于是就常以切开果皮、露出浆果的石榴形象表示"榴开百子"，寓意多子，象征子孙繁衍，家族兴旺昌盛。人们观察到牡丹盛放时花大、形美、色艳、香浓，一派荣华富贵景象，将其称颂赞誉为"百花之王"、"国色天香"。将生活用器制作成牡丹的形状，或者将牡丹花纹装饰于日常用物之上，即是以花中之王象征人中之王，以花之富贵繁荣寓意人之富贵荣华。

运用谐音的方法，因名而创造吉祥图案是我国传统吉祥文化最为常见的表现方式。这主要是利用了汉语中同一读音有多个不同形义文字的特点，假借此字之音，而指彼字之意，即看物读音，音同会意。谐音示吉之法与我们的传统思维善于比附的特点相一致。例如，蝙蝠的"蝠"与幸福的"福"，同音同声，人们就在器皿、衣料、画面上表现出蝙蝠的形象，以期福能常常在眼前，时时相随身边。马背上骑坐着猴，这是人们创造出来的艺术形象，原因就在于"马上猴"谐音"马上侯"，表示即刻就要封侯、高官厚禄就在眼前。

一部分传统吉祥图案与宗教、民间传说关系密切，宗教及传说中的人和物的形象，也常常出现在吉祥文物上。附着了宗教与传说意义的吉祥图案更容易被接纳，而宗教与传说也因此得到更合理的阐释与更广泛的传播。例如，如意本是自印度传入的佛具，法师讲经时，常手持如意，记经文于上，以备遗忘。在我国却逐渐演化为一种象征祥瑞、表示吉祥顺意的陈设器物，备受喜爱。八仙的传说在我国是百姓都耳熟能详的，与之相关的吉祥图像之一为"八仙庆寿"，即八仙各执宝物，飞至瑶池，为西王母庆寿，怡然自得，祥瑞之气遍布。人们将这样的图像表现在笔筒、漆盘、如意、画轴等实用和装饰物上，期望生活如此画面一般吉庆祥和。传说中八仙过海庆寿，是运用宝物，各显神通渡过的，而波涛汹涌的大海在古人意识中即为难以抗拒的艰险和神秘未知的恐惧，人们期望自己在面对艰难困苦时，也能像得到八仙的宝物般，有如神助，顺利渡过，故而与八仙传说相关的另一种吉祥图像就是由八仙所持的八种神通宝物组合构成，鲜明地表达出这种期盼。

直接用文字抒写胸臆，是最为快意的表达方法。无论是早期简单质朴的笔体，还是往后富于艺术的书法，这些用线条勾勒出的字符，既负载着文字本身求吉纳福的意义，又展示着线走丰姿的别致美好意境。文字符号在吉祥文物上的表现形式一般分为两类：一是有语义的词句，即我们通常所说的"吉祥话"；一是单体字符，即只用一个字符表达吉祥的含义或者是将一个字符做出各种异体变化，数个组合在一起。例如，汉代瓦当的瓦面上刻印着"千秋万世长乐未央昌"；宋代铜镜的镜背有"夫妻偕老"字样；清代寿山石印，印文为"愿花常好、月常圆、人常寿"；元代虎钮白玉印，印文为一个"富"字；清代白玉珮，以多种吉祥元素组合雕琢成一个"福"字形；清代曹素功制作的墨，狭小的墨体各面满布字体各异的"寿"字，被称为"百寿图"等等。

我们还希望通过陈列展示，引导参观者发现、感受吉祥文物的"多样性"之美，这种"多样性"主要体现在三个方面。

第一，材质、用途、使用者的多样性。以同为"佛手石榴桃"寓意"多福多寿多子"这一主题组团的文物为例，以材质论有玉、石、澄泥、瓷、水晶、雕漆等，按用途分则有摆件、砚台、碗、壶、唾盂等。有的文物带有宫廷御制款识，华美精致，为皇室专用；有的文物是文人士大夫的用品；有的文物形制朴厚，为一般百姓家庭所有。这些文物的使用者几乎涉及封建社会各个阶层，多种职业的人群。文物材质、用途、使用者的多样性从一个侧面说明了吉祥文化意识在社会生活中存在的广泛性。

第二，艺术表现手法和形式的多样性。同一主题的文物，可以由上文提到的象征寓意等四种方法来表现，即使同一种表现方法内，也会出现不尽相同的艺术形式。例如同为以象征寓意手法表现龙凤呈祥、姻缘和美这一主题组团的文物，汉代的龙凤铜环，表现形式为一龙首尾相连盘成圆环状，接近尾部处立一凤鸟；清代的瓷尊，表现形式则为在尊身腹部以胭脂红色绘制龙凤穿游于牡丹花中的图景。相同的内容，多姿多彩的艺术表现手法，不仅鲜活热烈地表达出人们对吉祥文化的重视与喜爱，也让我们欣赏到艺术的多样化之美。

第三，文化内涵的多样性。同一类文物，可以提炼出多个方面的吉祥含义；一件文物，也可以同时体现出吉祥文化的多个方面。例如同为如意这类陈设品，放置在八仙传说主题组团中的清代八仙人物纹白玉如意，所取是如意通身雕刻的八仙庆寿图；放置在蝠福谐音主题组团中的清代桃蝠纹紫檀如意，所取是如意通身雕刻的蝙蝠与寿桃纹样；放置在佛教物品如意主题组团中的清代粉彩童戏纹如意，所取是如意本身即表示吉祥顺意之寓意。又如清代的春寿盒，表现的内容既有春字、寿星，也有装满财宝的聚宝盆，从这一件文物上，我们可以看到

对长寿、财富的渴望。

这些同与不同，给我们提供了更多发现、探析、品味的空间和乐趣。

构成陈列内容的除了文物展品外，还有帮助诠释、理解陈列内涵的其他辅助展品。此陈列中运用的主要辅助展品分为两类：一类是展板，内容包括文献和主题图案；一类是多媒体装置。

我们于古代经典文献（诸如《尚书》、《庄子》、《诗经》等）中选出一些段落，真实表现古人对吉祥文化及其元素的观念、认识，配合相应文物，力图更全面阐述陈列的内涵。主题图案则提炼自陈列中的文物展品，既有美观的装饰效果，使展线内容活泼，富于变化，又有直观醒目的提示、强化了陈列主题。

在多媒体装置的设计方面，我们力求做到内容上能作为文物展品的补充，信息的延伸扩展，并更多地考虑与参观者的交互性，鼓励参与、经历和探索，以期对陈列的主题获得更深刻的认识，并为参观增加更多体验和兴趣。同时，装置的外观、形式设计很好地配合了陈列展示的主题氛围，强化了陈列的主题性。

陈列的福部分，我们于展厅中央悬挂了一盏放大的红色孔明灯，灯下设两个互动操作台，参观者可于操作台面浏览、选择预设的祝福语。被选中的祝福语会出现在孔明灯的对应灯面上，缓缓上升，最终变成一盏小孔明灯消失于视线。这个多媒体装置的设计创意源于中国古代

陈列布局

放升孔明灯为亲朋祈福的习俗。通过这个装置，参观者可以亲身体验传统习俗，不仅增加知识，更从情感上增强对陈列主题的理解、认知。同时孔明灯适当面积温暖红色的运用，从视觉效果和心灵感受上强化、提示了陈列主题。

禄部分于墙面设置了一方液晶屏幕，滚动播放以动画形式演绎的鲤鱼跳龙门、麒麟送子、五子登科三个与陈列主题密切相关的故事。故事的内容是文物展品的解释和补充，动画的形式生动活泼可爱，易于理解，主要受众群是青少年儿童，以增加他们对参观陈列的兴趣，也希望是中国传统文化的一种普及性教育。

喜部分的多媒体装置设置在展线中，更体现将其视作陈列展品的一部分的理念和定位。三角锥形的玻璃体中以全息影像的形式，演播中国古代七夕节、婚嫁以及庆婴孩新生的三段风俗情景。这些风俗、仪式仅靠静态的文物陈列不易生动还原，用活动的影像展示，则形象、逼真，一目了然。情景中的人与物形象都采用皮影的构成手法，颇具亲切感和艺术感染力。演播载体的形式设计，巧与福部分孔明灯的形状遥相呼应，亦新颖美观。

陈列临近结束，我们奉献给参观者最后一个互动装置。在木质条案上镶嵌一块多点触控屏幕。屏幕的上半部分滚动播放从陈列的文物展品上提取的有代表性的吉祥图案，下半部分标识出人生的五个不同阶段（部分）。参观者可根据自己对陈列内容的理解，将感兴趣的吉祥图案拖动至相对应的人生阶段，对应成功，屏幕上将会打开一个小窗口，图文并茂地演绎这类吉祥图案的艺术构成与内涵意义。这个装置，不仅帮助参观者重新回顾陈列内容，加深印象，亦从另一个角度使参观者体会到吉祥文化与人之一生的紧密相关，虽古今有别，但人类的许多情感仍然是可以共鸣的。

（二）形式设计

陈列的形式设计是在充分深入了解内容设计意图的基础上创作展开，为内容的展示增加表现力，并强化、渲染陈列的主题。

依照内容设计，展厅被划分为包括序厅在内共六个相对独立而又相互贯通的展示部分。整个展厅用青灰色作基调，以雅致的底色（提示参观者思考吉祥文化的内涵）配合暖色系（提示吉祥文化的特点）来体现陈列的主题内涵。无处不在、形式多样的主题元素运用，使参观者自踏入序厅始的整个参观过程都有一种被"吉祥"包围环绕的感觉。

序厅

展厅的空间形式设计亮点颇多，使空间效果大气、规整中见灵动、变化，增加陈列的吸引力。福部分充分利用中部较大的空间，设置了半开场式展区，即以两排雕刻有"福"字的木隔栅围合成"L"形，隔栅围合外的两侧置放三个独立柜展示重点文物，围合内的空间则安置孔明灯互动装置。这个展区与沿墙展柜结合，既增加了展线设置，又丰富了空间构成。寿部分空间正对厅门处设计了一幅高度纵贯整个展厅的双面透雕木雕，内容为有关祝寿、求长生的连环画，以表达人们对生命长存的渴望。在空间上由此变为三进式格局，增加了空间的层次和变化。木雕的双面透雕形式也使展厅空间更具通透性。喜部分则以大红色作为展柜衬布的颜色，与其他部分都不相同，醒目、喜庆、热烈，以配合和突出此部分主题的内容。财部分文物数量相对较少，采用了多个独立柜结合一个沿墙通柜的空间展示模式。其中四个独立柜与背后四幅顶天立地的主题图板相对应，巧妙表现此部分的主题氛围；另外两个独立柜则起到了提示此部分与陈列结尾区域空间分隔的作用。

序厅设计，正前方的馆标墙与屋顶木梁造型联合形成一个大的"合"字，暗示陈列主题。馆标墙以简单的形式设计包含玺印、回纹等中国古典文化元素，突出陈列名称，点出主题。左边墙面以刻有福、禄、寿、喜、财主题字的五扇雕花木门，提示陈列主要内容，并以这样精美的形式巧妙表达出"五福临门"的寓意。右侧墙面在仿古青砖墙之上置木质前言板，板四角作祥云样式（结语板同此设计，首尾呼应），于细节处强化主题。前言板长达5.7米，中文内容部分采用竖式排版，引导参观者边走边看，逐步进入陈列的意境。

序厅及主体内容各厅之间的连接形式均为对开的两扇主题字雕花木门，使参观者感觉经由前一个展厅，推开了福、禄、寿、喜、财之门而进入陈列的相应部分。部分说明板（即陈列的一级看板）悬挂于其中一扇门之上，说明板的上下边沿满刻陈列的五个主题字，上端设计以铺首衔环的形式标明各部分主题内容。各部分展厅的顶面，都满铺数个木刻主题字（陈列结束处的展厅部分顶面为布满祥云的装饰画），给人诸如"抬头见福"、"抬头见喜"的感觉，处处彰显陈列的主题性。

在文物展品展示的具体方法上，力争做到通过合理的形式设计，最大限度还原文物的使用状态，较为全面地展示文物的历史文化和艺术价值。例如，福部分的清代红缎太平有象纹桌围椅靠展品，我们依其尺寸制作了相应的桌椅，将展品按其本来的使用方法挂、铺在桌椅上，参观者对这组文物的功用、使用方法一目了然，对文物本身及其文化内涵也更容易留下深刻印象。对于多个部分都有出现的铜镜展品，展示中均依其形状尺寸制作了支架，而非平摆，同样意在还原器物的使用状态。对于部分玺印，也设置了特殊的展示装置，使参观者可以同时欣赏到印钮及印文。

注 释

① 陈列内容设计主要参考书目包括：尹笑非：《中国民间传统吉祥图像的理论阐释》，上海书店出版社，2009年版；赵屹、莫秀秀：《吉祥图案》，中国社会出版社，2008年版；宁业高、夏国珍：《中国吉祥文化漫谈》，中央民族大学出版社，1999年版等。

② 陈列形式设计及设计供图为江苏爱涛文化艺术有限公司。

第一部分

福

福，意为幸福与安顺。富贵长寿、和乐安宁、吉庆如意、全各圆满都是人们翘首企盼的『福』。福的概念非常宽泛，多角度、多层次地反映了人们的理想与愿望，寄托着所有美好的憧憬，是吉祥意义最丰富、最集中、最典型的代表。人们对幸福的理解虽各有不同，但对幸福的追求却能通过集体认可的载体来体现。

佛手、桃、石榴

　　佛手，其形似佛之手，故名。佛手因原产于佛教圣地印度而备受崇尚，人们祈望"佛手"相助，祝颂成事，得到吉祥；以桃寓寿，源自西王母瑶池的蟠桃；石榴多子，以寓"多子"之福。佛手、桃、石榴组合在一起，表达"多福多寿多子"的吉祥祝愿，清代最为盛行。《庄子·天地》有云："华地人祝贺帝尧，使圣人富，使圣人寿，使圣人多男子。"表明时人以富裕、长寿、人丁兴旺为福。后被称为"华封三祝"，以三种美好事物合而祝福的习俗便起源于此。

三多纹白玉摆件　清

高9.4、宽12.4厘米

　　这件白玉摆件以佛手、桃、石榴为表现主题，用作陈设装饰。玉质温润，雕工细致传神。

佛手桃石榴形砚　清

佛手：长13、宽7.5、高2厘米，澄泥质地

桃：长11.3、宽9.5、高1.4厘米，端石质地

石榴：长11.5、宽7.9、高2.2厘米，紫石质地

这组砚台以三种不同质地生动表现三种吉祥之物，砚盒、砚体均栩栩如生，令人爱不释手，充分展现了人们对佛手、桃、石榴自然属性的悉心观察与喜爱之情。砚台是文房用具，说明以佛手、桃、石榴寓多福、多寿、多子的观念亦为文人阶层所认可，此"三多"也是他们的祈愿。

粉彩瓷

粉彩瓷又叫软彩瓷，为景德镇窑四大传统名瓷之一。粉彩是一种釉上彩绘经低温烧成的彩绘方法，其布局和笔法都具有传统中国画的特征。粉彩瓷器是清康熙晚期在五彩瓷基础上，受珐琅彩瓷制作工艺的影响而创造的一种釉上彩新品种，雍正时已相当精致，乾隆年间达到很高的艺术水平，后历朝流行不衰。

乾隆款粉彩三果纹碗　清

口径15、底径9.2、高6.4厘米

这对瓷碗外壁施粉彩绘制荔枝、桃、石榴三果，鲜艳柔丽，是"华封三祝"的另一种演变形式。荔枝谐音"利子"，可理解为是对多子的祝愿；"荔"与"利"谐音，也可以理解为是对盈利、得财富的盼望。碗底有"大清乾隆年制"款识，表明此为清乾隆时期官窑作品，统治阶层的吉祥文化信仰意识由此亦可见一斑。

刻竹佛手形如意 清

长60、宽10厘米

除了与桃、石榴等物组合出现，佛手亦有单独
表现。这件如意，竹质，通体雕刻成佛手的样式，
器型虽大但雕工精细，仿生表现一丝不苟。佛手形
的如意，寓意行事定当顺利，遂心顺意。

宝相花

宝相花，通常以牡丹或莲花为主体，中间镶嵌其他花叶；花芯和花瓣的基部
用圆珠排列，似闪闪发光的宝珠。隋唐以后宝相花广泛饰用于瓷器、铜器及织锦
上，其装饰形象特点即"美"与"满"（花朵或几乎占据整个画面，或重复出现
至铺满整个画面），故成为吉祥美满的象征。

珐琅彩瓷

珐琅彩瓷，是将画珐琅技法移植到瓷胎上的一种
釉上彩瓷器。珐琅彩瓷创烧于清康熙晚期，雍正、
乾隆时盛行，是专为清代宫廷御用而特制的一种
精细彩绘瓷器，部分产品也用于犒赏功臣。所需
白瓷胎由景德镇御窑厂特制，在清宫造办处绘、
烧。图式由造办处如意馆拟稿，经皇帝钦定，由
宫廷画家依样画到瓷器上，属宫廷垄断的工艺珍
品。珐琅彩瓷的特点是瓷质细润，彩料凝重，色
泽鲜艳靓丽，画工精致。制作珐琅彩瓷极度费
工，没有大的器物造型。

乾隆款珐琅彩宝相花纹兽首衔环耳瓶 清

口径4、底径3.4、高11厘米

这件瓷瓶珐琅彩色彩纯正，厚而不酱；
造型端庄精美，绘画精细。选取宝相花为主
体的吉祥纹饰，令人赏心悦目，爱不释手。

三羊

《周易》称正月为泰卦，三阳生于下；冬去春来，阴消阳长，天地交而万物通，有吉亨之象。三阳（羊）开泰即用以称颂岁首或寓意吉祥。羊本身生性温顺，也是祥和的象征。

三羊钮冻石长方章　清

长2.5、宽1.6、高7.2厘米

这方冻石印章，钮雕作三羊，印面尚未刻字。三羊钮取三阳开泰的吉意。

象与瓶

　　太平有象即天下太平、风调雨顺的意思。瓶与平同音，故吉祥纹饰常作象驮宝瓶。象寿命可达二百余年，被看做瑞兽，也喻美好景象。

太平有象纹红缎桌围椅靠　清

桌围长97、宽95厘米；椅靠长164、宽51厘米

　　这套桌围椅靠的主纹饰均为象驮宝瓶，辅以祥云、蝙蝠、鹤鹿、麒麟、磬等多种吉祥纹饰，搭配红缎质地与精细绣工，一派喜庆祥和景象。

蝙蝠

　　蝠与福同音同声，直接指福。蝙蝠纹样在我国传统的吉祥文物中运用非常广泛，各种质地的实用器、装饰物上都常常出现蝙蝠的形象，反映出人们希望抬头即能见福，幸福触手可及、无所不在的心理期望。

犀角杯

　　犀角杯即以犀牛之角雕刻制作的杯，一般作为饮酒之用。犀角杯材料珍贵，雕刻精美，曾在历史上风光无限。犀角本质古色古香，浑厚苍劲，又具有清热解毒、凉血止血等功效，故作为酒具深受达官贵人喜爱。犀角的雕刻艺术从明代开始进入一个迅速发展的时期，清代达到高峰，主要集中在苏州、扬州、南京、杭州、福州、广州等地。

蝠柄犀角杯　明

口径18.4、高8.4厘米

　　此杯以整支犀角制成，材质珍贵，质地细润，随形施艺，利用犀角的原形制成狭底扩口的杯形。杯柄上有一蝙蝠和两兽纹钮，杯身亦饰兽面纹。整器刻工高超，刀法精绝，纹饰精美，既有仿古格调，又有创新的意境，明代作品，弥足珍贵。

嘉庆款粉彩五蝠九桃纹螭耳瓶　清

口径12.7、底径10.6、高34厘米

　　蝙蝠作为"福"的象征，除单独构图、造型外，还常常与象征长寿的桃组合在一起，谐音福寿，表达人们对福寿双全的渴望和祝愿。这件清嘉庆年间的官窑瓷瓶，瓶身以粉彩绘制五只蝙蝠和九只寿桃，谐音"五福九寿"，福与寿都达到了完满的境地。

粉彩蝙蝠纹磬　清乾隆

长21.3、宽13厘米

　　磬与庆谐音，蝙蝠与磬的组合表达的是福庆之意。这件瓷磬磬体主纹饰为蝙蝠、花卉和一个简化的"寿"字，意指"福寿吉庆"；磬体上方的悬挂钮作双鱼形，鱼上亦有一只蝙蝠，蝙蝠之下、钮与磬体之间还有一个小圆眼，蝙蝠与圆眼合而构成"福在眼前"之意；双鱼与磬则表达"吉庆有余"之意。一件器物上，通过几种元素的组合搭配，表达出多种吉祥的祝愿，可见时人对此之重视与喜爱。

磬

　　磬是古代石制的一种打击乐器。其形在后来有多种变化，质地也从原始的石质进一步有了玉质、铜质、瓷质等。磬最早用于先民的乐舞活动，后来用于帝王、上层统治者的殿堂宴享、宗庙祭祀及其他礼仪活动中的乐队演奏，成为象征身份地位的礼器。

道光款粉彩蝠磬纹盖罐　清

口径8.9、底径9、高28.5厘米

　　这件盖罐的主体纹饰为"卍"字纹、蝙蝠、盘长、磬和宝相花，谐音"万福长庆"，吉祥美满。纹饰布满整个器身，强烈渲染出吉庆祥和的祈愿。

福星、禄星、寿星

　　福禄寿三星高照示吉，源于古代的星象崇拜。常见福星（人）手拿一个"福"字，象征善行得福或怀抱儿童，示多子多福；禄星（人）捧着笏板或金元宝，掌管人间的荣禄贵贱；寿星（人）托着寿桃、挂着拐杖，可以给人增寿。三星齐聚的画面，表达的正是人们渴望生活的方方面面都能得到襄助，顺心遂意。

粉彩福禄寿三星图瓶　清

口径13、底径23、高53.5厘米

　　瓷瓶上三星人物的描绘形态怡然，栩栩如生，画面一派祥和之气，是清雍正晚期景德镇民窑中的精品之作。

天官

道教以上元即农历正月十五为天官司赐福之辰，这一日天官会下降赐福，把美好生活带给人间。

王素

王素（1794—1877），字小梅，晚号逊之，甘泉（今江苏扬州）人。幼师鲍芥田，又多临华喦。凡人物、花鸟、走兽、虫鱼，无不入妙。道光初与魏小眠、王应祥并驾。

王素 岁朝图轴 清

纵135.2、横63.8厘米

此画面描绘的是"天官赐福"的图景。"岁朝"即岁首，新年伊始的意思。民间于春节（农历新年）开始，敬天官以盼福音，在画稿、砖雕、各处装饰上除绘制天官或"天官赐福"字样外，再加花木、祥云等内容，是流行的新年礼物和装饰品。

八仙

八仙的传说起源很早，人物说法众多，至明代，铁拐李、张果老、钟离权（汉钟离）、吕洞宾、蓝采和、韩湘子、何仙姑、曹国舅八仙人物稳定下来。与之相关的吉祥图像之一为"八仙庆寿"，八仙各执宝物，飞至瑶池，为西王母庆寿，怡然自得，祥瑞之气遍布。

八仙人物纹白玉如意　清

长40、宽9厘米

这件白玉如意，头部雕刻王母庆寿的场景，柄部雕刻八仙渡海，以细致的做工为"八仙庆寿"做出恰当诠释。

陈国治

陈国治，清道光、咸丰年间景德镇著名雕瓷艺人，安徽祁门人。他善于在瓷板上雕刻花卉，深浅适度，富有画意。他还将瓷雕与釉色相结合，仿竹木、象牙器，无不神形俱备。传世陈国治制作的雕瓷器凤毛麟角，比较珍贵。

陈国治款粉彩雕瓷山水八仙人物纹笔筒　清

口径14.8、底径14.4、高14.1厘米

这件笔筒的外壁雕成树根状，开光内浮雕八仙人物，里绿釉，外壁粉彩画人物，活灵活现，生动有趣。灵活运用了多种雕瓷工艺技法，艺术价值较高。

乾隆款斗彩暗八仙纹折腰碗　清

口径20.1、底径10.7、高5.4厘米

　　此碗表现的是与八仙相关的另一类吉祥图案，即以八仙各自宝物葫芦、鱼鼓、葵扇、宝剑、花篮、箫管、荷花、拍板单独构图，称为"暗八仙"，隐喻遇到困难时能借助众仙的法宝和神通驱邪禳灾，顺利渡过之意。

斗彩

　　斗彩又称逗彩，是釉下彩（青花）与釉上彩相结合的一种装饰品种。斗彩以其绚丽多彩的色调，沉稳老辣的色彩，形成了一种符合明人审美情趣的装饰风格。据历史文献记载，斗彩始于明宣德，但实物罕见。成化时期的斗彩最受推崇，清朝康熙、雍正、乾隆官窑也有不少精品堪与成化斗彩媲美。

四神

四神，也叫四象、四灵，即青龙、白虎、朱雀、玄武，是我国古代神话中镇守四方、驱除邪恶的神灵。历代帝王在建宫阙殿阁时常用此四种祥瑞之物，也是古人心中的圣物。

朱雀瓦当　汉

直径18.5、高2.8厘米

四神中的朱雀属火，红色，形体似凤凰，代表南方，夏季。朱雀并非凤凰，凤凰是百鸟之王，而朱雀是天之灵兽，比凤凰更稀有珍贵。造型完美的青龙、白虎、朱雀、玄武四神瓦当，分施于东、西、南、北不同方位的殿阁之上，汉长安城遗址多有出土。

四神十二辰纹铜镜　隋

直径19.2厘米

日常使用的铜镜镜背上也常以四神组合其他瑞兽的图案作为装饰。

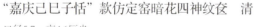

"嘉庆己巳子恬"款仿定窑暗花四神纹奁　清

口径5.7、高4.6厘米

　　奁是古代盛放梳妆用品等物的精巧小匣子。这件清嘉庆时期的瓷奁造型仿战汉时期铜奁，器形少见。通体粉白釉，釉薄，灰色暗花精细，奁盖面及体侧四周均为四神纹饰，底有青花"仿周四神奁嘉庆己巳子恬造"字样。

格典雅。 花定， 略带粉 泪痕， 光， 于元，
　、 亦称 瓷胎土 釉色 釉为 以产
划花 划花诸 白定。 细腻， 纯白滋润， 玻璃质釉， 白瓷著称。 白
　、 装饰有刻 因此称为粉 胎质薄而有 上有 唐，极盛于北宋及金，终
印花诸种，风

定窑

定窑为宋代五大名窑之一，窑址在今河北省曲阳涧滋村及东西燕村，宋代属定州，故名。创烧于

八宝

　　八宝又称"八吉祥"，宝瓶、宝盖、双鱼、莲花、右旋螺、吉祥结、尊胜幢、法轮，是佛教中八种表示吉庆祥瑞之物。也有说是法轮、法螺、宝伞、白盖、莲花、宝瓶、金鱼、盘肠八件佛前供器。

道光款胭脂紫地粉彩八宝纹炉　清

口径14.5、腹径15、高24厘米

　　道光朝彩瓷，除了白地粉彩器外，所见有各种色地开光粉彩，而且往往和描金工艺结合。这件炉就是胭脂紫地绘粉彩，亦有描金边，八宝等纹饰绘制非常精细，器形端庄大方，显现出皇室富丽华贵的气象。

云蝠八宝纹朱墨　清

长8.2、宽2、高1.3厘米，共10锭

　　此套墨为朱砂制成，正反两面分别描金绘制蝙蝠祥云和八宝图案，说明八宝与云蝠一样，在人们心中代表的都是吉祥与福气。

如意

　　"如意"一词出于印度梵语"阿娜律"，是自印度传入的佛具。法师讲经时，常手持如意，记经文于其上，以备遗忘。在我国逐渐演化为象征祥瑞的器物，表示吉祥、顺意。清朝时，祝寿、贺岁、婚嫁、拜见等典仪，就流行以如意作为献赠的礼物。

松芝纹象牙如意　清

长30.5、宽6.1厘米

　　因为寓意吉祥，如意深受各阶层人士喜爱，明清两代，制作如意的材料品种繁多，有竹、木、牙、玉、瓷、雕漆等等。人们或将如意做成祥瑞之物的形象，或于其上再绘制蝙蝠、祥云、寿桃、婴戏等纹饰，在"如意"之上更添"吉祥"，质地做工均十分讲究，以期各种美好愿望能顺利实现。这件如意就是以珍贵象牙雕成，大朵灵芝为头，松干作柄，布局设计巧妙而富于平衡美感，生动逼真，惟妙惟肖，寓意吉祥。

黄杨木座云纹紫檀如意　清

（含座）长39、宽8.7厘米

　　此件如意为珍贵紫檀木制成，原配托座为取材上等的黄杨木，通体雕刻线条流畅自然，纹饰吉祥，正应和了"吉祥如意"一词。

登封窑珍珠地划花卉纹如意形枕　北宋

前高18.4、后高20、底边10厘米

如意头部的形状也常被抽象、提炼出来单独运用以代指如意，它与我国传统文化中祥云、灵芝的形象亦有相似之处。这件北宋时期的枕头就是一例，所谓"欲作高堂梦,须凭妙枕歌"，枕着"如意"入眠，所有好梦岂能不如愿成真？

登封窑

登封窑是我国宋代著名民间瓷窑，在今河南登封市曲河镇，故名。始烧于唐代晚期，北宋为其繁盛时期，终于元代。生产的主要品种以白釉为地，装饰以白釉珍珠地划花最具特色、器形以瓶、枕最为突出。

登封窑的珍珠地划花装饰手法受河南密县窑影响，产量在同类瓷器中最大。这种工艺是借鉴唐代金银器錾花工艺而创制的，增强了图案的装饰意味，成为宋代北方民窑中的特殊产品。

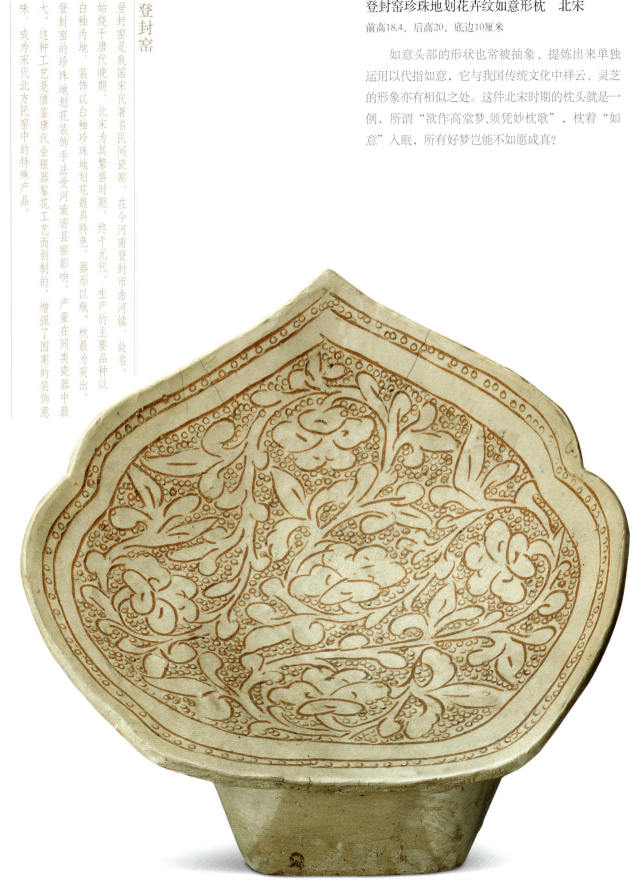

嵌螺钿

嵌螺钿是主要用在髹漆工艺上的一种装饰手段，将螺蚌之贝壳的珠光层磨薄磨光、加工成薄片后，制成人物、花草、鸟兽等形象嵌入预先雕成的凹形图案内，再髹上一层光漆，于后磨平抛光使其露出钿片即成。我国早在西周时期就已有将蚌壳镶嵌在漆器上的装饰。唐五代时期这种工艺已有较大的发展。宋元更为流行，明清达到高峰。清中后期嵌螺钿工艺除了在漆器上采用外，也广泛应用于酸枝、紫檀等木器上。

黑漆嵌螺钿花果纹如意形套盒　清

最外者长18.3、宽15、高6.6厘米

　　这组套盒由大小依次递进的三个如意头形漆盒组成，三个漆盒可单独使用，也可嵌套放置，便于收纳，巧妙融合美观与实用性。盒盖上以嵌螺钿的工艺表现出柿子、如意、磬等吉祥元素。三个盒盖装饰风格一致，内容虽略有不同，但都表现出"事事如意"、"吉庆如意"等美好愿望。

字符 ~~

用语言文字表达祈望吉祥的意愿，更为直接，更为强烈。

"宜子孙"铜熨斗　汉

口径16、通长37.2厘米

　　这件汉代铜熨斗的斗内有"宜子孙"方印，印周围绕四枚铜钱装饰。"宜子孙"、"长宜子孙"这类吉语在汉代的各类器物上也比较常见，意思是祝愿子孙能长久过上美好、稳当的生活。这是封建家长对自己家庭的一种要求与期许，希望自己建立起的家业，包括家庭的伦理、礼仪、财富能被妥善继承，儿孙们安享富足、舒适的生活。

"千秋万世长乐未央昌"瓦当　汉

直径15.8、高2.5厘米

　　小小一块汉瓦面上，写了九字吉语："千秋万世"、"长乐未央"围合成圆，中间包裹着"昌"字，表达出人们盼望的幸福就是国体永续、快乐长存、繁荣昌盛。"千秋万世"、"长乐未央"在汉代的砖瓦建筑构件、铜镜上都常常出现，是当时流行的吉语。

第一部分　福

彩秀堂款粉彩"吉祥如意"盘 清

口径15.7、底径9.5、高3.2厘米

　　盘里中心绘花卉纹饰，口沿一周为相连的如意云头，"如意"包围着"吉祥"；盘外壁于满铺的花团中现"吉祥如意"四个汉字。这对瓷盘，明丽喜人的用色，描绘精心的纹饰，处处显出吉利、幸福的意味。

彩秀堂制

『彩秀堂制』是清乾隆时期的官窑堂名款，嘉庆时期仍有沿用。彩秀堂款瓷器的绿地粉彩色彩新鲜明丽。

第二部分

禄

「禄」，即俸禄、俸给。俸禄的厚薄代表了官职的高低，故俸禄又引申为官职、爵位。有「高官」即有「厚禄」，优越的社会地位、富足无忧的生活，正是封建等级社会人们所向往并努力追求的一种吉利祥瑞。

麒麟

麒麟和龙凤一样，是古人为向往美好生活而创造出来的神异、祥瑞动物，往往被视为圣王之嘉瑞。传说中麒麟为仁兽，能为人带来居高位的子嗣。《论衡·定贤》中描述孔子将生之夕，有麒麟吐玉书于其家，上写"水精之子孙，衰周而素王"，意谓他有帝王之德而未居其位，"麒麟送子"的典故即来源于此。

霁蓝釉堆白麒麟纹象耳炉　明万历

口径10.7、腹径11.7、高12.3厘米

这件瓷炉，腹身一面蓝地堆白麒麟，一面为狮子，配以两只象耳，素朴而文静，高贵而雅致，既夺人眼球，又吉利讨喜。这是明万历民窑作品，造型仿青铜器，此类品种非常少见，比较珍贵。

五彩瓷

五彩瓷是成熟于明代的釉上彩绘瓷，色彩以红、绿、黄、蓝、紫、孔雀绿等色多见。每一件作品并不一定五色俱全，明代的作品，有些只用两三种色彩，根据图案需要，色彩搭配得当，同样精美富丽。至清代康熙年间，五彩瓷运用了釉上蓝彩和黑彩，由于有了深色调的蓝和黑，使得五彩瓷的色彩对比更加和谐、沉稳，精致细腻的工艺，高雅的格调和雍容的风姿，使五彩瓷呈现出华贵深凝的面貌。

五彩麒麟凤凰芭蕉纹盘　清

口径33.9、底径20.5、高6.8厘米

麒麟与凤凰的组合，更是富贵祥瑞的象征。麒麟是明代公、侯、驸马、伯官服上的专用图案，也是清代武官一品官服补子上的图案，是身份等级的象征。

鹤

鹤性情高雅，形态美丽，被称为"一品鸟"。

鎏金云鹤纹铜方铃　明

宽11.4、高16厘米

此铜铃上鹤与祥云、牡丹等组合在一起的图案，寓意"一品当朝"、"高升一品"。

第二部分　禄

纳纱青地黄云卍字纹仙鹤补子　清

长29、宽30.9厘米

　　明清两代文官一品官服补子的图案均为鹤。

鱼龙

《埤雅·释鱼》有云："俗说鱼跃龙门，过而为龙，唯鲤或然。"传说黄河鲤鱼跳过龙门，就会变化成龙。后以"鲤鱼跳龙门"寓中举、升官等飞黄腾达之事。

白玉鱼龙　清

长7.6、宽12厘米

这件玉雕龙首鱼身，似在踏浪浮游而上。温润的玉质，精细的刻工，生动传神地表现了一只正在从鱼变化为龙的神物，寓意吉祥，颇具感染力。

明清补服

补服始于明代，清代沿用，但也有一些区别。明代补子织在大襟袍上，所以补子前后都是整块；清代补子是缝在对襟褂上，因此补子前片都在中间剖开，成两个半块，后片仍是整块。明代补子以素色为多，底子大多为红色，上用金线盘成各种图案，五彩绣补较少见；清代补子大多用彩色，底子颜色较深。明代补子四周一般不用边饰；清代补子都装饰有花边。明代文官的补子常织绣一对禽鸟，而清代的补子都绣织单只禽鸟。

牡丹 〰

　　牡丹花大、形美、色艳、香浓，为历代人们所称颂，被誉为"百花之王"。花开时一派荣华富贵景象，常用来形容官居一品的最高地位。

雕漆牡丹纹圆盒　清

口径15.9、高7.9厘米

　　这对雕漆圆盒，通身遍刻盛放的牡丹花纹。剔红工艺无锦地，里黑漆退光。构图绵密，层次繁多，自然灵活，立体感强，具有严谨、精致、华丽的特色，是典型的乾隆时期工艺风格。

雕漆

　　雕漆是把天然漆料在胎上涂抹出一定厚度，再用刀在堆起的平面漆胎上雕刻花纹的技法。由于色彩的不同，亦有『剔红』、『剔黑』、『剔彩』等名目。雕漆始于唐代，兴于宋元，盛于明清。雕漆生产在清乾隆时期出现了空前繁荣的局面，品种丰富，大件器形亦出现。以木胎、锡胎为主，也有用脱胎的，造型精致，富于变化。各种吉祥图案开始出现。

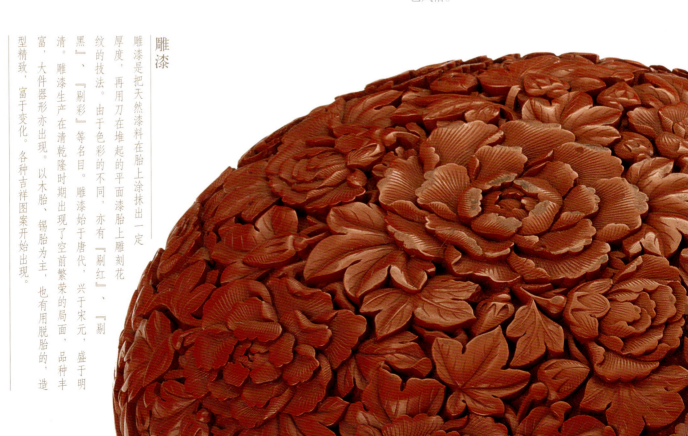

胡开文

胡开文，本名胡天柱，字柱臣，号在丰，徽州绩溪县（今安徽绩溪）人。清代乾隆时制墨名手，『胡开文』墨业创始人，著名徽商。师从徽州休宁汪启茂。取徽州府孔庙的『天开文苑』金匾中间两字，冠以姓氏，打出『胡开文墨庄』店号。在墨家如林中竞争，独占鳌头，获得厚利。后来又于大江南北设立销售分店，继而开设茶号、束庄等，置田产成为乡里巨富。胡开文制墨，集各家之长，重用墨模雕刻、设计人才，既坚持古法，又有所创新，既重经济效益，更重质量，以『造型新颖，墨质精良』而压倒了诸家。

胡开文制富贵寿考墨　清

长9.5、宽2.2、高0.9厘米，共5锭

这组墨是五锭相连作联景牡丹图，以金彩为主，绿色点缀，华丽而生动。墨上"大富贵亦寿考"六字，说明此图是对富贵寿考的憧憬和祝愿。这样成组成套的名家墨品，含有吉祥寓意，多为呈送地方长官之佳选。墨上署名"苍珮室主人"即是胡开文。

鹿与冠

鹿与禄谐音，冠与官谐音，代指高官厚禄。

爱竹斋

爱竹斋原名『松竹斋』，杨柳青历史上著名的画店之一，清咸丰年间建立。光绪初，王金甸接手经营，将其更名为『爱竹斋』，清末画家钱慧安等曾为爱竹斋画店供稿。

爱竹斋 骑鹿送子、
加官进禄年画　清

横49、纵72厘米

　　骑着鹿而来的孩
子，将来必定是要做
官得禄的；再送来一
顶官帽，则是要官上
加官，步步高升了。

第二部分　禄

松与猴

"松猴"谐音"封侯",表达的是加官晋爵的求富贵之意。与此类似的吉祥图案和造型,还有人们熟知的猴骑在马上,谐音"马上封侯"。

玛瑙松猴花插 清

宽5.6、高9.4厘米

这件花插由玛瑙雕刻而成,利用了玛瑙的天然颜色,生动活泼的以松、猴表现出"封侯"的吉意,设计非常巧妙。

封侯挂印砖雕　清

长40、宽40厘米

　　这幅砖雕表现了一只大猴背着小猴向上攀爬的情景，小猴的颈上还挂着一枚大印。此图景即谐音"辈辈封侯"、"封侯挂印"，表达了人们希望家族成员能世代为官的心愿。

螃蟹与蝉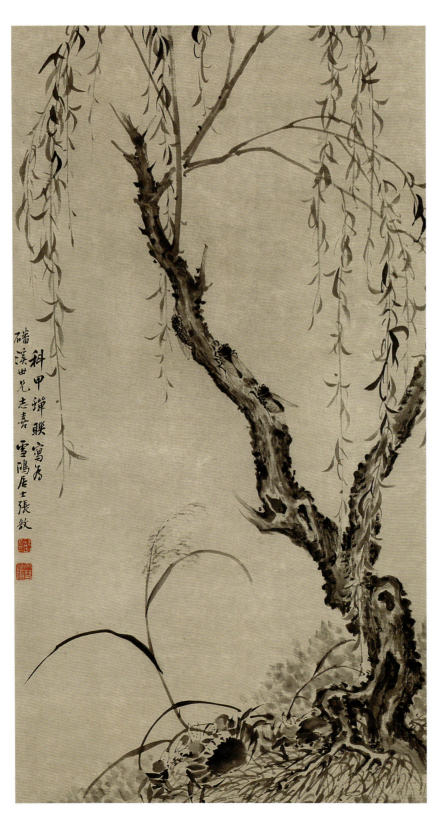

螃蟹有坚硬的甲壳，与蝉组合，谐音"科甲蝉联"，意为在科举的各级考试中都取得好成绩，一路踏入平顺仕途。

张敔　科甲蝉联图轴　清

纵108、横60厘米

画面中的螃蟹与树上的蝉，不仅表达着科甲蝉联的吉意，螃蟹正出于芦苇之中，亦有"一甲传胪"的美好寓意。

张敔

张敔（1734—1803），字芷园，号木者、雪鸿等，原籍安徽桐城，后迁居江宁（今江苏南京）。精画山水、花鸟、人物、草虫，白描、设色无不精妙。画风受金陵画派影响，苍劲流动，笔情纵逸，横涂竖抹，生气勃勃。工诗，善真、草、隶、篆、飞白诸书体。以指代笔作书，画也极为可观。工治印，作书、画时而率笔为印。

字符

质朴的笔体，直白的语义，将人们追求高官厚禄的企盼表露无遗。

"君宜高官"铜镜　汉

直径12.1厘米

"君宜高官"、"长宜高官"、"位置三公"等吉语出现在铜镜、带钩等生活用具上，直接表达出人们对做高官、居高位的盼望和祝愿。

"进禄"箕形陶砚　宋

长7.8、宽5.8、高1.5厘米

"进禄"之吉语，反映了读书人取得功名厚禄的迫切愿望。这种形制的陶砚，一般为进京赶考所携带，取其吉，取其轻巧。

科举

科举是历代封建王朝通过考试选拔官吏的一种制度。由于采用分科取士的办法，所以叫做科举。

科举制从隋朝大业元年（605）开始实行，到清朝光绪三十一年（1905）结束，经历了一千三百多年。明清科举考试，秀才参加举人的考试，第一名称为解元；举人参加贡士的考试，第一名称为会元；贡士举行殿试，第一名称为状元。所谓『喜拔三元』、『科甲蝉联』等就是指解元、会元、状元连续及第，是对科举仕途顺利的祝愿。

"当朝一品"铜压胜钱　清

直径2.8厘米

　　这枚铜制的压胜钱，一面书写"当朝一品"四字，一面在方孔上下各雕蝙蝠与桃，寓意福寿都在眼前。小小一枚铜钱，充分表现出时人以做高官、得福寿为人生期盼的观念。

压胜钱

压胜钱也叫厌胜钱，并非真正的流通货币。它起源于西汉，至清末民初都有铸造。最初的本义主要是压邪禳灾和喜庆祈福两大类，后来运用范围越来越广，诸如开炉、镇库、馈赠、占卜、玩赏、戏作、配饰等等，都铸压胜钱。历朝历代的压胜钱，各种书法、图案内容，多是体现当时的礼俗时尚，因此压胜钱对考察各朝代的政治、民俗、文化都具有较高的参考价值。

第三部分

寿

长寿是人生的企盼，是生命力的象征。自古以来人们通过各种方式追求长生不老，表现出对生命长存的渴望。中华民族对『寿』的重视和近乎崇拜的态度，不仅仅源于对生命的珍视，还深刻体现了儒家思想中长幼尊卑的观念，以及长生即富有经验和智慧的认知。

松与鹤

　　松树，常绿乔木，岁寒不凋，终年郁郁葱葱，被赋予长生不老的寓意；鹤的寿命长达七十年，是长寿禽鸟，在传说中它又常出现在仙人左右，颇有灵性，自然不朽。松鹤组合，表达延年益寿的吉意。

何年老幹碧苔封饱阅風霜荠
绿濃野鶴棲殘濤謖謖仙人到
此應攜節

彭启丰

丝绣松鹤延年图轴　清

纵58.5、横36.5厘米

　　这幅绣品风格清丽雅致，寓意吉祥，绣工一丝不苟。作品右上角有彭启丰题诗一首配画及其署名和刻款印文。彭启丰，字翰文，号芝庭，又号香山老人，江南长洲（今江苏苏州）人，清雍正五年（1727年）科举状元，官员，学者。他的题诗，不仅说明此绣品是一件能得到高官认可和喜爱的佳作，更说明渴望松鹤延年的观念亦为清代文人、统治阶级所接受。

松树老人纹玛瑙鼻烟壶　清

腹围13.3、高5.7厘米

　　我们也常常看到松树与老人同时出现的画面。松树是长生不老的象征，也有经风傲雪之意，这样的画面既是寓人有常青之寿，也是对长者历经世事的敬意。这件鼻烟壶，巧妙利用玛瑙的天然俏色，于方寸间雕琢出松下老人，构思之精巧，工艺之精湛，令人叹服。

梅鹿鹤人物青玉盖瓶　清

宽17.4、高16.2厘米

　　这件盖瓶青玉质地呈雪花斑，云珠纽盖，双龙形耳，两侧分别圆雕梅鹿鹤及人物。作品形体较大，形制少见，雕工精湛，寓意吉祥。

鹿与鹤

　　鹿，除了与禄同音、象征官位俸禄外，还是长寿的象征。在传统吉祥图案中，常伴寿星左右，成为祝寿、祈寿的吉祥之物。民间以鹤为仙禽，鹿为瑞兽，有千年为苍鹿，又五百年为白鹿，复五百年化为玄鹿之说，故而有"鹤鹿同春"，表达了人们企求寿命比肩鹤鹿的美好愿望。

椿树与萱草

　　椿，指多年生落叶乔木、长寿的大椿，古称父为"椿庭"；萱，指古人以为可以使人忘忧的萱草，称母为"萱堂"。椿萱并茂比喻父母健在、长寿安康。

缂丝

　　缂丝是中国传统的装饰性丝织工艺品，通过"通经断纬"的技术方法，形成花纹边界，具有犹如雕琢镂刻的效果，且富有双面立体感。从传世实物看，缂丝早在汉魏间就已出现，唐以后开始流行。一般用以织造帝后服饰、御真（御容像）和摹缂名人书画。由于织造过程极其细致费工，摹缂常胜于原作，存世精品极为稀少。

缂丝椿萱并茂图　清

纵155.5、横90厘米

　　这幅缂丝作品以椿萱并茂为表现主题，寄托了对双亲长寿安康的祝福。做工精细传神，画面立体感强，如此大幅的缂丝精品实属难得。

灵芝

　　灵芝，除了形似如意头，常被用来表示吉祥幸福外，还因其传说中作药有益寿延年、起死回生的功用而成为长寿的象征。

灵芝形红玛瑙洗　明

宽7.2、高2.4厘米

　　这件笔洗，玛瑙质地细腻纯净，颜色鲜艳漂亮，雕一大灵芝为洗，上下附五个小灵芝，设计精巧合理，刀法运用灵活，寓意吉祥，美观实用。

韋儠拱壽

萬曆乙卯清和月 蘭嵎山人朱之蕃寫

朱之蕃　群仙拱寿图轴　明

纵78、横29厘米

　　将竹石、水仙等称为"群仙"，围绕着灵芝即为"寿"，吉祥寓意十分明显。画作具有明代文人画的典型风格。

朱之蕃

朱之蕃（？—1624），字符升，号兰隅，原籍山东聊城茌平县。明万历二十三年（1595）科举状元，官员、书画家。工书法，善画山水花卉，大尺寸的作品存世不多。

雍正款粉彩八桃过枝纹盘　清

口径20.5、底径13.2、高4厘米

这对清雍正时期官窑瓷盘，盘里粉彩绘散枝五桃三蝠，过枝到盘外壁粉彩绘三桃二蝠。画面描绘细致精妙，极为生动自然，用色柔和，立体感强，宛若一幅精美的没骨中国画。

桃

桃常被称作"寿桃"，源自民间传说中为王母娘娘祝寿的蟠桃盛宴。仙桃有三千年、六千年及九千年一熟者，食之成仙得道，长生不老，与天地齐寿，日月同庚。

雍正款粉彩八桃过枝纹盘　清

白玉三猿捧桃　清

宽6、高4.5厘米

　　猿猴与桃的组合，源自于人们通过长期的生产生活实践，观察了解到桃是猿猴喜爱的食物。桃即寿，捧桃也就是捧寿，由此附会衍生，出现了"猴桃瑞寿"的说法。

五蝠与寿

　　五只蝙蝠围绕一个"寿"字或一只桃，谐音"五福捧寿"。"五福寿为先"的说法源自《尚书·洪范》："五福，一曰寿；二曰富；三曰康宁；四曰攸好德；五曰考终命。"

慎德堂款五蝠捧寿纹盘　清

口径22.5、底径14.5、高3.9厘米

　　盘里主纹饰为五只蝙蝠围绕一个"寿"字，应和"五福寿为先"；辅纹饰为一圈连续的"卍"字纹，意为福寿延绵、万寿无疆。

慎德堂制

　　慎德堂为圆明园内的一组建筑，修建于清道光十年（1830），次年落成，是道光皇帝在圆明园内的一处生活行宫，他晚年主要生活在此，并驾崩于慎德堂内。「慎德堂制」是清道光时期的官窑堂名款。

猫与蝶

猫、蝶与"耄耋"谐音。七十曰耄，八十曰耋，耄耋是长寿者之称。

袁桐　菊花猫蝶图轴　清

纵183、横55厘米

此画面中除了表现谐音耄耋的猫与蝶之外，还有菊花。菊花亦是老者、长寿的象征。给老人祝寿的时候，常送猫蝶图表达健康长寿的祝愿。画面有时也以菊花配寿石、猫、蝴蝶，谐音"寿居耄耋"。

袁桐

袁桐，字琴南，号琴甫（一作琴圃），又号署琴居士，钱塘（今浙江杭州）人。袁枚（1716—1797）之侄。清代官员、书画家。工小楷篆书，善篆刻，能诗。金碧山水得仇英遗意，设色花卉雅韵欲流。

寿星

寿星，专司健康长寿之神，后演变为南极老人，常以一慈祥老翁形象出现。其身量不高，弯背弓腰，肉头广额，一手拄杖，一手托桃，白髯，笑容可掬。

象牙寿星像　清

底径4.7、高9.5厘米

这尊寿星像，象牙材质，人物刻划生动、细腻，雕工有力，线条流畅。

雕漆寿星春字纹捧盒　清

口径31、高12厘米

春寿盒为宫廷专用器形，质地一般为瓷或雕漆，图案有两种形式，或直接表现"春寿"二字，或像这件捧盒，在春字里面画一寿星，表示"春寿"，画面还搭配有众多吉祥图案。这件捧盒是清乾隆时期宫廷御制，锦地剔彩，有黑、黄、红三层，工艺精湛，线条优美，吉祥寓意丰富。

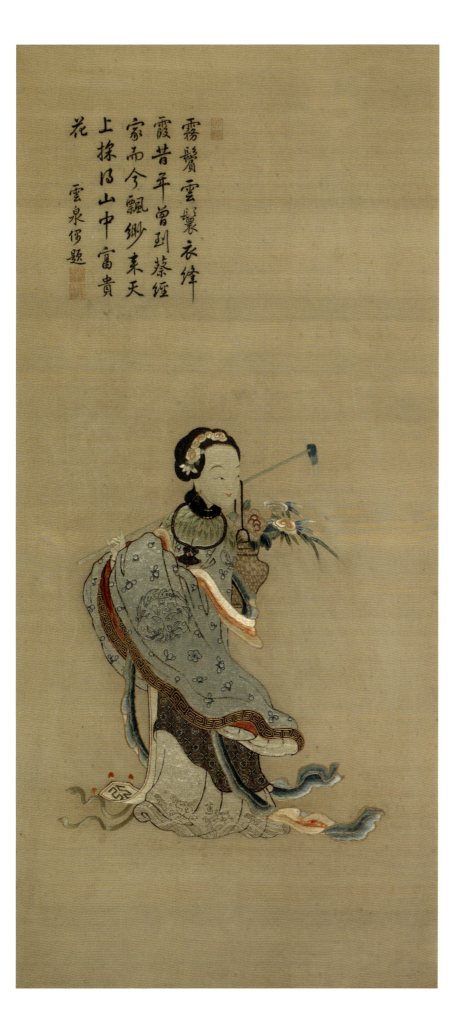

花上採取山中富貴

霞昔年曾到蔡經

家而今飄緲來天

霧鬢雲鬟衣絳

雲泉偶題

麻姑

　　麻姑，道教神话人物，自谓"已见东海三次变为桑田"，故古时以麻姑喻高寿。又流传三月三日西王母寿辰，麻姑于绛珠河边以灵芝酿酒祝寿。民间为女性祝寿多赠麻姑像，取名麻姑献寿。

绢地丝绣麻姑图　清

纵105.4、横47.5厘米

　　这幅绣片表现的正是麻姑身担灵芝酒，装扮华丽飘逸，赴瑶池与王母祝寿的情景。作品绣工精致细腻，对人物的表现怡然而美好，很有感染力。

海屋添筹

　　海屋是寓言中堆存记录沧桑变化筹码的房间；筹即筹码。海屋中每添一筹，人间就发生了一轮沧海桑田之变，以此来寓意祝人添寿。

雍正款斗彩海屋添筹图盘　清

口径20.6、底径13、高3.9厘米

　　此盘敞口弧壁，形制端庄周正。盘心以斗彩绘海屋添筹图，外壁绘蝙蝠、灵芝等吉祥纹饰。胎质细腻，釉质温润，画工精美，色彩典雅。人物图案的斗彩瓷因画工、填彩难度大，故生产作盘十分有限，而如此精美细致之器得以完整传世更是极为难得。

字符

对单体"寿"字及各种祝寿语汇近乎艺术化的精心展现，充分表现了人们对长寿的重视与企盼。

龟钮"长生不老"铜印　汉

长2.2、宽2.3、高1.9厘米

这方汉代铜印，印文"长生不老"，字体优美，刻工流畅，颇具艺术美感，文意更是直白表达了人们对生命长存的渴望。印钮为龟形，龟，耐饥渴，寿命长，也是一种灵瑞动物。印钮与印文的结合，更添长寿之意。

掐丝珐琅

掐丝珐琅，珐琅器品种之一，一般特指铜胎掐丝珐琅，又称『景泰蓝』。其制作一般在铜胎（也有金胎）上以铜丝（金丝）掐出图案，填上各种颜色的珐琅之后经焙烧、研磨、镀金等多道工序而成。掐丝珐琅有着五彩斑斓、华丽夺目的魅力，由于其在明代景泰年间获得了史无前例的发展，又一般多外饰蓝色釉料，故习称景泰蓝。据考古发现，珐琅器最早诞生于希腊，在12世纪，掐丝珐琅器由阿拉伯地区直接或间接传入我国。

掐丝珐琅"万寿无疆"碗　清

口径16.6、高4.9厘米

从汉代印文上的"长生不老"到清代铜碗上的"万寿无疆"，人们创造了各种语汇，在各种质地、用途的器物上表达着对长寿的强烈期盼。这对掐丝珐琅碗是清乾隆时期宫廷作品，器形规整，制作工艺精细，纹饰、字样都显出富贵吉祥的皇家做派。

雕漆十二辰寿字盒　清

口径27.5、高13.9厘米

　　盒作十二边形，与盒盖上书写的十二辰字样相合。盒盖边沿还有两圈连续排列的近百个体貌各异的"寿"字，这样的装饰称为"百寿图"，在瓷器、漆器、玉器、织锦等物品上都能见到。无量"寿"字的堆砌，表达出人们渴望寿亦无量的心愿。

雍正款斗彩寿字碗　清

口径10.4、底径3.8、高5.5厘米

　　这对瓷碗外壁上的斗彩寿字，艺术化、装饰化的意味已非常浓重，与周围的花纹几乎融为一体。以诸多心思不断变换创造其形象，足见人们对"寿"字的重视与喜爱。

第四部分

喜

人生中可『喜』之事众多，尤以获得美好姻缘和昌盛子嗣为人们所渴望。家庭是社会的基本结构，婚姻是组成家庭的基本途径，它不但是人类生存的命脉，也是社会秩序、伦理道德的基础。在我国传统的吉祥文化中充满着对婚姻喜庆吉利、和谐长久、早生贵子的祈祝，表达出人们对生命繁荣的盛赞。

龙与凤

龙为鳞虫之长，凤为百鸟之王，都是祥瑞之物，龙凤相配自呈吉祥，是和美姻缘的象征。

龙凤形铜环　汉

直径11.3、厚0.9厘米

龙首尾相连盘成环形，凤立于龙身，龙凤雕琢皆精细，形神俱备。这件铜环是时人对龙凤关系理解的生动体现。

胭脂红

『胭脂红』亦称『蔷薇红』、『金红』、『洋红』等，是清康熙年间从西方引进的一种低温釉彩，着色剂成分含金，呈色如胭脂。它始烧于康熙，精于乾隆，其色匀净明艳，娇嫩欲滴，所绘纹饰显得鲜艳华贵，十分喜人。大件器皿存世不多。

登瀛阁制款胭脂红龙凤穿花纹尊　清

口径20.5、底径22.5、高50厘米

　　这件瓷尊外壁胭脂水红釉彩绘龙凤穿牡丹纹饰，器大形美，纹饰绘制精致。龙凤身份尊贵，牡丹乃"国色天香"，此画面强烈渲染出一派皇家富贵祥和气象。

春水初生涨碧池临流何以散相思含情
欲问鸳鸯鸟漫对桃花题此诗
戊辰春朝新罗山人寓西郊

鸳鸯

古人认为鸳鸯有成对生活不分离且配偶若亡故，另一方则从此独居的习性，故而成为恩爱夫妻、忠贞爱情的象征。

华嵒　桃花鸳鸯图轴　清

纵129、横62.5厘米

画面绘桃花与一对鸳鸯，桃花亦是象征爱情的花朵。此画面花卉禽鸟绘制皆清丽传神，颇具感染力，正是"含情欲问鸳鸯鸟，漫对桃花题此诗"。

华嵒

华嵒（1682—1762以后，一作1682—1756），字秋岳，一字空尘，号新罗山人，福建临汀（今长汀）人，侨寓扬州。清代著名画家，工诗善画，山水、花鸟、人物皆精。他在继承明清写意花鸟传统的基础上，受恽南田影响，创造了自己独特的风格。所画花鸟，形象都自然逼真，秀丽出众，富有生趣。画人物以简取胜，纵逸趣脱，标新立异。其画风对清代和近代的花鸟画有一定影响。

光绪款粉彩鸳鸯戏莲纹盖罐　清

口径17、底径15.5、高42.5厘米

　　莲蓬为多子之物，荷又谐音和、合，鸳鸯戏莲的纹饰既是盼望夫妻生活恩爱和美，也祝愿夫妻连生贵子。

雕漆喜鹊登梅纹方盒　明

长13、宽10、高9厘米

　　这件明代雕漆盒，不仅器形规整，刀法娴熟，图案寓意吉祥讨喜，内里更为黑退光漆，分上下两屉，制作精巧，令人叹服。

鹊与梅

　　古人认为鹊灵能报喜，故取名喜鹊，是好运与福气的象征。民间传说七夕人间所有喜鹊会飞上天河，搭起一条鹊桥让牛郎、织女相见，故而喜鹊也被视作爱情的使者。梅花则是春天的使者，是美好新气象将要到来的预兆。因此喜鹊登梅即"喜上眉梢"，寓意喜庆、好姻缘的到来。

花与蝶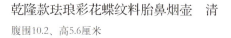

　　蝴蝶以其美丽的外形被人们欣赏，历代咏诵。我国民间又流传有梁祝化蝶的爱情故事，故而蝴蝶常作为美好爱情和幸福的象征。梁乐府诗中有"翻阶蛱蝶恋花情"一句，"蝶恋花"成为词牌名，也成为缠绵情感的代表。

乾隆款珐琅彩花蝶纹料胎鼻烟壶　清

腹围10.2、高5.6厘米

　　这件清乾隆年制的鼻烟壶，料胎上施珐琅彩绘，腹部描金花卉地，两面开光，一面绘花卉蝴蝶，一面绘喜鹊登梅图，都寓意美好爱情的到来。

黑漆嵌螺钿花蝶纹盘　清

长10.6、宽10.6、高1.3厘米

　　这组黑漆倭角盘，盘内以螺钿嵌花卉蝴蝶纹饰。四幅画面颇有中国花鸟画意味，主题一致细节又略有不同，构思做工之精巧，令人赏心悦目，对美好事物的向往之情油然而生。

海棠花与白头鸟

　　白头鸟寓意夫妻能相伴到白头，配以富贵之花海棠，寓指夫妻能拥有一世富贵满堂、白头到老的美好生活。

华喦　海棠白头图轴　清
纵50.8、横35.8厘米

　　这幅作品以"白头相押海棠春"为表现主题，画法上，既有细节描写的精微性，又不失笔墨上的简逸生动。禽鸟细致蓬松的毫毛毕现，与写意花卉及枝叶的磊落、洒脱相对，以虚衬实，画面层次丰富、生动。

莲 ⚭

  莲蓬里包含多个莲子，莲子又与"连子"谐音，意指连生贵子，子孙满堂。民间有结婚多用红枣、花生、桂圆、莲子撒帐的习俗，便是谐音"早生贵子"。

五彩持莲童子　明

底径6.6、高23.8厘米

  男童站立于绘莲纹的方座上，双手于胸前持瓶，瓶内一枝莲花，寓意吉祥。这尊持莲童子五彩艳丽，保存完好，具有典型万历五彩的特征。

醉竹款石榴纹竹木盒　清

口径10.5、高9厘米

  此盒身为竹质，上下盖底为紫檀木质，盒身刻"榴开百子"图案，并有"满房蜂酿蜜，一腹蚌含珠"两句诗文，表现的都是孕育、收获之意。

石榴 ⚭

  石榴是多子之物，剥开的石榴露出百子，正是子嗣旺盛的象征。民间婚嫁之时，常在新房案头或他处摆放切开果皮、露出浆果的石榴，也有以石榴相赠祝吉者，借石榴多子，来祝愿子孙繁衍，家族兴旺昌盛。

瓜

《诗经·大雅·绵》有云："绵绵瓜瓞，民之初生。"瓜是大瓜，瓞是靠近根部的小瓜，瓜瓞绵绵即是形容瓜蔓绵延不断，瓜实不停生长，寓意家族人丁兴旺，子孙繁多昌盛。

瓜形端砚　清

长18、宽14.5、高4.7厘米

这方端砚，石质细腻温润，两面皆作瓜形，砚面大瓜，砚背小瓜，枝叶瓜蔓均着力表现，生动展示出瓜瓞绵绵的吉意。

瓜瓞绵延纹白玉盒　清

长7、宽6、高3.7厘米

表现瓜瓞绵绵之意的吉祥图案，还有另一种形式，如这件白玉盒，盒形即为瓜形，盒盖上着力表现瓜蔓的绵延之势，并雕一只蝴蝶，蝶与瓞谐音，以此作瓜瓞绵延之意。

葫芦

　　古代婚礼上有"合卺"之仪：把一只葫芦剖分为瓢，新郎、新娘各执一瓢，相互为对方漱口，这种象征"和合"及从此后同甘共苦的行为就是"合卺"，后来婚礼上喝交杯酒的习俗即是由此衍生。葫芦有夫妻和美的吉祥寓意。同时，葫芦藤绵延不断，结实累累，粒籽繁多，象征子孙繁盛，亦为祈子祝福的吉祥之物。

錾胎掐丝珐琅嵌玉石葫芦万代纹瓶　清
宽34.8、高66.5厘米

　　此瓶形制取天然葫芦之造型，填以珐琅彩料。铜胎大葫芦身上嵌满了白玉质地的小葫芦，枝叶藤蔓也着力表现，并有各种宝石嵌点缀。因葫芦多籽，而有多子多孙之吉祥寓意；枝繁叶茂，藤蔓缠绕亦有"万代"之意。在清宫宫廷陈设中，亦多选此题材作装饰，寓意子孙满堂，世代相传，江山永固。

和合二仙

　　和合二仙即"寒山"、"拾得"，是民间传说中主婚姻和合的两位圣人，与他们相伴之物多为荷花、圆盒、如意等，谐音"和合如意"。在传统婚礼喜庆仪式上，常挂有和合二仙的画轴或摆放有其形象装饰的器物，用以祝贺新婚夫妇白头偕老，永结同心，生活从此和美如意。

五彩和合二仙图棒槌瓶　清

口径12.5、底径12、高44厘米

　　此瓶盘口直颈平肩，长筒形，宽圈足，通体白釉，颈部绘墨彩竹石纹及五彩荷，肩部为五彩牡丹，腹部为五彩仙人。器形精美，画面生动，五彩和谐，非常难得。

送子观音

观音是佛教四大菩萨之一，在中国民间因被赋予能够送子的功能而广受尊崇。送子观音是观音菩萨化身之一，通常作手捧婴儿的中年妇女相；也有作观音双手合十状，前立一童男。

任颐

任颐（1840—1896），字伯年，一字次远，号小楼，浙江山阴（今绍兴）人。儿时随父学画，十四岁到上海，在扇庄当学徒，后以卖画为生。所画题材，极为广泛，人物、花鸟、山水、走兽无不精妙。他的画用笔用墨，丰富多变，构图新巧，创造了一种清新流畅的独特风格。

任颐　送子观音图轴　清

纵80、横34厘米

此画为任颐名作之一，画面中的观音菩萨怀抱婴儿而来，为人间夫妇送来子嗣，仪态神圣而祥和。作品颇具任颐以书法用于画中的独特风格。

送生娘娘与催生娘娘

　　天津民间信仰天后娘娘能给人带来子嗣，还创造出了送生娘娘、催生娘娘等众多能满足人们求子保幼愿望的诸神来为天后分劳。

版印送生娘娘、催生娘娘神祃　清末民国初
前者纵27、横21厘米；后者纵30、横23厘米

　　这是两幅以送生娘娘和催生娘娘为表现主体的神祃。神祃是民俗版画体系中的一种类型，是木版印刷的神佛像，用于供奉、祭祀、祈福等。或直接张贴于门扇，或用特制的木架夹住立于案上。

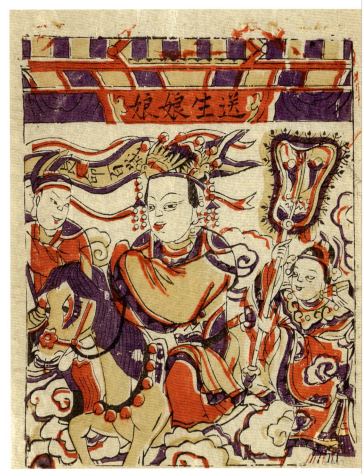

安和常乐

>>> 吉祥文物陈列

Cultural Relics Representing Auspiciousness

弄璋

《诗经·小雅·斯干》有云："乃生男子，载寝之床，载衣之裳，载弄之璋。……乃生女子，载寝之地，载衣之褐，载弄之瓦。" 古代称生男孩为"弄璋之喜"，生女孩为"弄瓦之喜"。璋是好玉石，瓦是纺车上的零件。男孩弄璋、女孩弄瓦，实为重男轻女的说法，生动表现出封建社会的价值观念和追求。古有送弄璋图、作弄璋诗等贺生子之喜的做法。

吴穀祥　弄璋图轴　清

纵132.8、横55.5厘米

此画面描绘仕女抚男婴窗边玩耍，喜悦闲适，窗外恰绘结满果实的石榴树，一粒石榴还特意露出了"百子"，当是寓意多得男子之喜。

吴穀祥

吴穀祥（1848—1903或1905），字秋农，号秋圃，浙江嘉兴人。工山水，苍秀沉郁，气韵生动；亦能画松，并擅人物、花卉。游京师声誉雀起。晚客上海卖画亦有名，为晚清文人画中技艺较高、变化丰富、主要承接吴门画派传统的著名画家。

四喜人

　　人生有四喜：一为久旱逢甘雨；二为他乡遇故知；三为洞房花烛夜；四为金榜题名时。四喜人，象征着这四件喜事，图案常以两儿童相互颠倒组成，巧合成四孩童的效果，表达人们希望喜事接踵而来的愿望。

黄玉四喜人　明

长4、宽4厘米

　　这件玉雕，黄玉质细腻温润，造型虽由二童组成，但从四面看去，却每面皆为一童，故为"四喜人"。巧妙的构思与做工生动表现出人们对人生四喜齐备的盼望。

字符

双喜字是象征男女婚姻成立的一种特殊符号，是我国民间艺术的绝妙创造。两个并列、对称的喜字合二为一，稳固相联，象征男女自此结为夫妇，欢喜美满。我国民间亦有关于双喜字兴起的传说，多取金榜题名与洞房花烛双喜临门之意。

长春同庆款珊瑚釉喜字碗　清

口径10.5、底径4.5、高6厘米

这组瓷碗，碗里、碗壁均施珊瑚红色釉，外壁绘龙凤呈祥及蝶恋花纹饰，内里满书描金双喜字，底款亦为"长春同庆"吉语，是典型的皇室婚礼用品，华贵、喜庆之意溢于言表。

长春同庆款

长春同庆是清光绪时期吉语官窑款之一。与年号、堂名等一样，吉语是官窑款识的另一种形式，元明清历代均有，尤以明清多见。

第五部分

财

「财，人所宝也」。生意兴隆，日进斗金；五谷丰登，六畜兴旺——人们渴望在自己的努力和神灵的护佑下得到富足安稳的生活，在满怀憧憬的吉祥意境中获得财富的新希冀。

钱币

钱是财富的直接象征，把钱的形象作为装饰纹样，是对财富追求最直白的表达。

双钱单鱼纹铜洗　汉

口径29.7、高12.9厘米

这件汉代铜洗，内底鱼纹上下各饰一枚铜钱，鱼与余谐音，和钱币组合在一起，寓意钱财富足有余。这样的图案饰于器底，当铜洗中注满水时，正是"如鱼得水"，亦是表达求财成功的吉意。当器中水使用过后被倾倒，鱼与钱仍聚于盆底，表示财富不会外流。

聚宝盆

聚宝盆多作元宝形，盆中装满各种钱财宝物，生动而热烈地表现了对招财进宝的盼望与祈求。

云龙春字元宝纹紫檀长方盒　清

长16.8、宽10.2、高6.3厘米

这件紫檀木盒，盒盖上最夺目的主纹饰为一只巨大的装满财宝的元宝形聚宝盆，盒上还有云龙与春寿纹饰，盖内有金字题铭，落款"乾隆乙未御题"，为皇室之物，说明对财富的渴望并非只限于农工商阶层。

栗子与荔枝

　　栗、荔谐音利利，利利三倍，祈望生意经营一本万利，收益强过他人。也有画稿作荔枝与柿子，谐音"利市三倍"，与此意同。

顾洛

　　顾洛（1763—1837），字西梅，号禹门，浙江钱塘（今杭州）人，清嘉道时名画家，擅仕女、山水，亦工花卉。书法古劲圆厚；人物古雅，山水苍润，花卉、翎毛亦见生动。生平作画未尝重稿，亦未授一弟子。

顾洛　栗荔三倍图轴　清

纵101.5、横31厘米

　　这幅画轴是作者顾洛在观看到他人的荔柿三倍图后得到启示，略作改动而创作出的以栗、荔谐音利利三倍的作品，对栗子与荔枝的描摹工致、生动、妍丽。

刘海

刘海是全真教北五祖之一，传说曾收服金蟾，令其口吐金钱，四处济贫，故刘海被视为赐福降财的神灵，而金蟾也成为吐宝发财的祥瑞之兽。

雕竹刘海戏金蟾　清

底径12、高11厘米

此为竹根圆雕刘海坐像，右手托蟾，面带笑颜，形象生动优美。

字符

"大吉利市"、"日利千金"，人们希望通过这些吉语为获得财富博一个好彩头。

鼻钮"大吉利市"葫芦形铜印　宋

长2.2、宽1.6、高1.7厘米

"利市"既有利润之意，也有吉祥、顺利的意思；葫芦本也是吉祥之物。这方铜印，印形、印文都表达出对生意兴隆、利润丰厚的渴望。

虎钮富字白玉印　元

长3.5、宽2.3、高2.1厘米

这方玉印的印文更是简单直白，仅有一个"富"字，以虎作钮，能镇守得住滚滚财富。

"日利千金"瓦当形墨　清

直径7.8、高1.5厘米

此墨形制仿汉瓦，上书"日利千金"吉语，与汉代铜镜上出现的"日利大万"等意同，希望生意每天盈利颇多，财源广进。

责任编辑　李　红

责任校对　陈　婧

责任印制　张　丽

装帧设计　李　红

设计制作　雅昌设计中心·北京

图书在版编目（CIP）数据

安和常乐：吉祥文物陈列 ／ 天津博物馆编 ．－－北京 ： 文物出版社，2013.3

（天津博物馆文物展览系列图集 ／ 陈卓，白文源主编）

ISBN 978-7-5010-3690-5

Ⅰ．①安… Ⅱ．①天… Ⅲ．①文物－天津市－图集Ⅳ．① K872.210.2

中国版本图书馆 CIP 数据核字 (2013) 第 021123 号

安和常乐——吉祥文物陈列

编　　者	天津博物馆
出版发行	文物出版社
社　　址	北京东直门内北小街 2 号楼
邮　　编	100007
网　　址	http://www.wenwu.com
邮　　箱	web@wenwu.com
经　　销	新华书店
制版印刷	北京雅昌彩色印刷有限公司
开　　本	889×1194 毫米　　1/16
印　　张	5.25
版　　次	2013 年 3 月第 1 版
印　　次	2013 年 3 月第 1 次印刷
书　　号	ISBN 978-7-5010-3690-5
定　　价	78.00 元